# VORWORT

Nicht erst seit dem extremen Anstieg der Energiepreise und der damit verbundenen Anhebung der Nebenkosten überlegt sich jeder, wie er seine Ausgaben etwas reduzieren kann. Oft ist das verdiente Geld so schnell weg, dass man nicht mehr nachvollziehen kann, wohin es eigentlich verschwunden ist. Dieses Buch zeigt die schwarzen Löcher im Haushalt. Es sind viele kleine Beträge, die sich im Ganzen zu mehreren hundert Euro im Monat summieren. Dazu gehören in erster Linie die „laufenden Kosten". Diese Kosten sind deshalb so tückisch, weil sie oft als Dauerauftrag vom Konto abgebucht und nie mehr kritisch überprüft werden. Dieses Buch wird Ihnen dabei helfen, die schwarzen Löcher in Ihrer Kasse aufzuspühren.

In der Summe können wir viel Geld sparen, unsere Schulden abbauen oder erst gar keine Schulden machen – und das, ohne auf etwas wirklich zu verzichten! Das hier beschriebene Sparen beschreibt Möglichkeiten, die sich von jedem Leser problemlos in die Tat umsetzen lassen.

Viel Spaß beim Sparen wünscht Ihnen
Ihr Thomas Amberger

---

Hinweis:
Alle erwähnten Markennamen sind Eigentum ihrer Besitzer. Das Werk einschließlich aller seiner Teile ist urheberrechtlich geschützt. Jede Verwertung außerhalb der Grenzen des Urheberrechtsgesetzes ist ohne Zustimmung des Autors und des Verlages unzulässig und strafbar. Das gilt insbesondere für Vervielfältigungen, Übersetzungen, Mikroverfilmungen und die Einspeicherung und Verarbeitung in elektronischen Systemen.
Das vorliegende Buch ist gewissenhaft erarbeitet worden. Dennoch erfolgen alle Angaben ohne Gewähr. Eine Haftung für eventuelle Nachteile oder Schäden, die aus den im Buch gemachten praktischen Hinweisen resultieren, kann weder vom Autor noch vom Verlag übernommen werden.

Thomas Amberger
Printed in Germany
© 2014 Books on Demand GmbH
Herstellung und Verlag: BoD-Books on Demand; Norderstedt
ISBN 9783735719683

# INHALT

**Vorwort** ........................................................... **1**

**Wäsche** ........................................................... **5**

Waschen 5
Vorwäsche 5
Waschmaschinen mit Spartaste 5
Nutzung des Nachtstroms 6
Weniger Waschen 6
Waschmittel 6
Wäschetrockner 6
Bügeln 7

**Heizen** ........................................................... **8**

Fenster 8
Türen 8
Heizkörper warten 8
Heizungsrohre 8
Raumtemperatur 9
Heizkörper 9
Fensterläden, Rollläden, Vorhänge 9
Lüften 9
Thermostate 10
Nachtabsenkung der Heizung 10
Heizen mit alternativen Energien 11

**Wasser** ........................................................... **14**

Vorlaufwasser 14
Hebelmischarmaturen 14
Duschen und Baden 15
Boiler 15
Nachtabsenkung 15

**Strom** ........................................................... **16**

Energieanbieter 16
Strommessgeräte 16

| | |
|---|---|
| Elektrische Geräte | 17 |
| Standby-Geräte und Netzteile | 18 |
| Kühl- und Gefrierschränke | 19 |
| Kaffee- und Espressomaschinen | 20 |
| Elektrische Kleingeräte | 21 |
| Geräte mit Batterien | 21 |
| Gebrauchte Elektrogeräte | 21 |

### Küche  22
| | |
|---|---|
| Kochen | 22 |
| Passende Geschirrgrößen | 22 |
| Kochen mit Dampf | 22 |
| Restwärme | 23 |
| Vorheizen | 23 |

### Spülen  24
| | |
|---|---|
| Maschine oder Handabwasch? | 24 |
| Geschirrspülmaschine | 24 |
| Geschirrspülmittel | 24 |
| Die richtige Temperatur | 25 |

### Hausmüll  26
| | |
|---|---|
| Müll vermeiden | 26 |

### Lampen  27
| | |
|---|---|
| Glühlampen | 27 |
| Halogenlampen | 27 |
| Energiesparlampen | 27 |

### Auto  28
| | |
|---|---|
| Autofahren | 28 |
| Spritverbrauch des Autos | 34 |
| Allgemeine Regeln um Sprit zu sparen | 34 |
| Tipps für Super-Sparer | 37 |

### Waren des täglichen Bedarfs  39
| | |
|---|---|
| Discounter | 39 |
| Lebensmittel vom Erzeuger | 39 |

Saisonales Obst und Gemüse 39
Markenprodukte und Handelsmarken 40
Bio ist nicht gleich Bio 40
Trinkwasser 41
Tankstellenshops 41
Apotheken 41
Outlets und Fabrikverkauf 42
Basare für Kinderkleidung 42
Second-Hand-Artikel 42
Versandunternehmen 42

**Laufende Kosten** **43**

Versicherungen 43
Telefon und Handy 44
Internet 44
Abonnements 45

**Preisverhandlungen / Banken** **46**

Nachfragen lohnt immer 46
Argumente für Rabattverhandlungen 46
Banken 47

**Sonstige Sparmöglichkeiten** **50**

Zahnersatz 50
Rauchen 50
Restaurants und Kneipen 50

**Sparen im Büro** **51**

Drucken 51
Porto 51
Bürobedarf-Discounter 52
Drucksachen 52

# WÄSCHE

## Waschen

Die Waschmaschine sollte immer erst mit voller Trommel angestellt werden. Die Energiekosten liegen auch bei halb gefüllter Trommel bei 100%. Durch die so genannten „½ Programme" kann zwar etwas Energie eingespart werden – die Reduzierung ist aber eher unerheblich. Energie spart man dadurch, einfach weniger zu waschen, d. h. die Maschine erst komplett gefüllt anzustellen.
Achten Sie bei der Anschaffung einer neuen Waschmaschine auf das Energieetikett. Die Maschinen haben unterschiedlichen Wasser- und Stromverbrauch. Wird ein elektrischer Wäschetrockner verwendet, sollte die Waschmaschine über eine möglichst hohe Schleuderdrehzahl pro Minute verfügen. So brauchen Sie viel weniger Energie, um die Wäsche zu trocknen.

## Vorwäsche

Vorwäsche ist, außer bei sehr stark verschmutzten Textilien, nicht notwendig. Wasser, Energie und Waschmittel werden durch den Verzicht auf die Vorwäsche eingespart.

## Waschmaschinen mit Spartaste

Waschmaschinen reduzieren ihren Energieverbrauch mit Energie-Spar-Programmen. Verfügt Ihre Maschine über ein solches Programm, sollte dieses möglichst oft verwendet werden. Die Wassermenge und der Energieverbrauch werden so gedrosselt.

## Nutzung des Nachtstroms

Neuere Maschinen verfügen oft über eine Nachtspartaste. So wird der günstigere Nachtstromtarif genutzt. Achten Sie dabei auf Lärmbelästigung/Hausordnung! Prüfen Sie Ihren Stromvertrag auf das Angebot von Nachtspartarifen!

## Weniger Waschen

Es empfiehlt sich, gesonderte Garnituren Kleidung für bestimmte Arbeiten zur Verfügung zu haben. So wird z.b. für die Gartenarbeit immer eine spezielle Kleidung oder Schürze getragen. Diese müssen dann als Arbeitskleidung nicht so oft gewaschen werden. Die guten Kleidungsstücke werden nicht verunreinigt.

## Waschmittel

Die Waschmittelmenge kann man getrost auf ein Minimum reduzieren. Die auf den Packungen angegebenen Mengen sind meist mehr als ausreichend. Testen Sie die Waschergebnisse z.B. einmal mit der Hälfte der vorgeschriebenen Waschmittelmenge. Kaufen Sie Waschmittel nur im Angebot.

## Wäschetrockner

Wenn möglich sollte auf die Trocknung mit einem Wäschetrockner verzichtet werden, da diese Geräte sehr viel Strom verbrauchen. Durch schnelleres Schleudern kann der spätere Trocknungsvorgang beschleunigt werden – Energie wird somit eingespart.

# Bügeln

Die Wäsche sollte noch nicht ganz trocken sein, wenn sie gebügelt wird. Sie lässt sich dann leichter und schneller bügeln und muss nicht extra befeuchtet werden. Verwenden Sie einen wärmereflektierenden Bügelbrettbezug, um die Bügeldauer zu reduzieren. Achtung: Das Trockenbügeln von zu feuchter Wäsche benötigt auch zu viel Energie.

# HEIZEN

## Fenster

Die Fenster müssen dicht schließen. Dichtungen sollten in regelmäßigen Abständen überprüft und bei Bedarf erneuert werden. Dichtungsband gibt es im Baumarkt. Verfügen die Fenster noch über Einfachverglasung, sollten Sie über die Verwendung von Isolierglasscheiben nachdenken. Diese sparen in den Wintermonaten sehr viel Heizenergie ein. Sprechen Sie in einem solchen Falle mit Ihrem Vermieter.

## Türen

Wie die Fenster sollten auch die Türen dicht abschließen. Für den Spalt am Boden gibt es Bürstenkämme, die das Eindringen von kalter Außenluft verringern.

**http://www.zukunft-haus.info**

## Heizkörper warten

Haben Sie in Ihrem Haus eine Warmwasserzentralheizung, sollte die Heizung regelmäßig entlüftet werden. Befindet sich Luft im Wasserkreislauf stört dies die reguläre Wärmeabgabe.

## Heizungsrohre

Warmwasserleitungen sollten isoliert sein. Sie vermeiden damit, dass unnötig Wärme verloren geht. Eine Überhitzung des Raumes durch freiliegende nicht regelbare heiße Rohre wird dadurch verhindert.

## Raumtemperatur

Ein Grad Celsius niedrigere Raumtemperatur kann über 5% der Heizkosten einsparen. Sie sollten lieber wärmere Kleidung tragen, als auch im Winter nur mit einem T-Shirt bekleidet in der Wohnung herumzulaufen. Die Normaltemperatur in Wohnräumen liegt bei 20-22 °C und im Schlafzimmer bei 16-18 °C. Bringen Sie ein Thermometer an und reduzieren Sie bei Bedarf die Raumtemperatur.

## Heizkörper

Heizkörper sind oft mit Möbeln zugestellt und Gegenstände werden auf ihnen abgelegt. Dies behindert die Luftzirkulation und stört die Wärmeabgabe an die Raumluft. Sorgen Sie für ausreichend Raum um die Heizkörper.
Die Heizkörper sollten regelmäßig gereinigt werden, da eine dicke Staubschicht ebenfalls die Wärmeabgabe beeinträchtigt.

## Fensterläden, Rollläden, Vorhänge

Diese Einrichtungen sorgen allesamt dafür, dass in der Nacht eine zusätzliche Isolierung an den Fenstern entsteht. Deshalb sollten Vorhänge, Fensterläden und Rollläden besonders in den Wintermonaten geschlossen werden. Heizkosten werden dadurch eingespart.

## Lüften

Lüften Sie, indem Sie für kurze Zeit alle Fenster und Türen öffnen. Durch das Stoßlüften wird die Raumluft komplett ausgetauscht. Sie lässt sich anschließend wieder leichter erwärmen. Die vorhandene Luftfeuchtigkeit wird nach draußen abgeführt und durch trockene Luft ausgetauscht. Innen beschlagene Fenster und Schimmelbefall sind Zeichen für schlecht gelüftete Wohnungen. Ein gekipptes Fenster sorgt nur unzureichend für den notwendigen Luftaustausch. Es reduziert nur die Raumtemperatur und Energie geht unnötigerweise verloren.

Pro Tag sollte deshalb mehrmals ausreichend 5-8 Minuten lang gelüftet werden. Das regelmäßige Lüften sollte auch bei Regenwetter und im Winter beibehalten werden.

Entsteht beim Baden oder Kochen sehr viel Wasserdampf, sollte dieser möglichst sofort abgelüftet werden.

## Thermostate

Die Heizkörper sollten über Regelthermostate verfügen, die beim Erreichen der gewünschten Raumtemperatur selbstständig die Ventile schließen. So wird ein Überheizen von Räumen vermieden. Sprechen Sie gegebenenfalls mit Ihrem Vermieter.

## Nachtabsenkung der Heizung

Neuere Heizungen verfügen über eine Zeitschaltuhr, mit der die Heizung an den durchschnittlichen Tagesablauf angepasst werden kann. So kann z.B. in der Nacht die Heizung gedrosselt werden. Modernere Geräte verfügen außerdem über Sommer-, Übergangs-, und Winterzeiten, Urlaubsstellung und Wochenendstellung. So kann immer der passende Heizungsbedarf (und ggf. der passende Warmwasserbedarf) programmiert werden.

# Heizen mit alternativen Energien

Das Heizen mit alternativen Energien kommt immer dann wieder ins Gespräch, wenn die Öl- und Gaspreise ansteigen. Öl und Gas, als fossile Brennstoffe, sind für die Zukunft nur noch bedingt zu empfehlen, da die Preise höchstwahrscheinlich in der Zukunft weiter ansteigen werden. Unabhängig von politischen Konflikten, die die Ölpreise stark beeinflussen, werden immer größere Summen nötig, die letzten großen Ölvorkommen zu erschließen.

## Holz

Viele Haus- und Wohnungsbewohner lassen sich nun wieder einen Holzofen oder Heizkamin einbauen. Diese etwas in Vergessenheit geratene Wärmegewinnung ist sehr günstig. Früher waren Holzöfen nicht perfekt konstruiert. Viel Energie ging verloren, was nach sich zog, dass man sehr oft Holz nachlegen musste, um die nötige Wärme zu erreichen. Die Öfen konnten die Wärme auch nicht lange speichern.

Heutzutage sind moderne Öfen so ausgestattet, dass sie Teile der heißen Abgase erneut in den Brennraum zurückführen. Dadurch wird der Brennwert um ein Mehrfaches gesteigert und die Aschemenge stark reduziert. Auch die Wärmeabgabe und Wärmespeicherung hat sich sehr verbessert. Es lohnt sich also über eine solche Alternative nachzudenken.

Von einem offenen Kamin ist eher abzuraten, da dieser kaum die Raumluft erwärmt und die meiste Energie in den Kamin entweicht. Wer auf die Lagerfeuerromantik nicht verzichten will, greift zu einem kombinierten Gerät, das sich mit einer Glasscheibe verschließen lässt.

Brennholz gibt es zum Selbst-Sägen bei den Gemeinden. Der Förster steckt regelmäßig Flächen ab, aus denen Abfälle von Baumfällarbeiten – mitunter können es auch ganze Stämme sein – selbst zersägt und abtransportiert werden müssen. Fertiges

Brennholz lässt sich in Ster (1 m³ aufgeschichtetes Holz) von den Gemeinden erwerben. Der Förster gibt hierzu gerne Auskunft.

**http://www.kaminoefen.com**
**http://www.schornsteinfegermeister.de/infos/heizenmitholz.html**
**http://www.thema-energie.de**

Eine weitere Möglichkeit mit Holz zu heizen, besteht darin, Pellets zu verwenden. Pellets werden aus Sägemehl gepresst, bestehen zu 100% aus Holz und sind günstiger als Öl. Das Holz muss nicht extra getrocknet werden, ist verdichtet und hat deshalb einen sehr guten Brennwert. Ein Pellet-Brenner besitzt eine automatische Förderung, mit der die Pellets in den Brennraum eingebracht werden. Der Platz, der benötigt wird, um die Pellets zu lagern, entspricht in etwa dem Volumen des herkömmlichen Heizöltanks. Die Asche-Entleerung muss allerdings regelmäßig von Hand geschehen. Große isolierte Warmwasserbehälter speichern die Brauchwassertemperatur und halten sie konstant und jederzeit abrufbar, so dass der Brenner nicht den ganzen Tag in Betrieb sein muss. Pellets werden wie Öl bis in den Lagerraum geliefert. Das bestellte Volumen wird mit einem Schlauch direkt aus dem Lkw hineingeblasen.

**http://www.aktion-holzpellets.de**
**http://depv.de**
**http://www.power-pellets.de**

## Heizen mit Solarkollektoren

Ein Sonnenkollektor „sammelt" Wärme aus der Sonnenstrahlung. Diese wird dann in gut isolierten Warmwassertanks gespeichert. Reicht die so gewonnene Wärme nicht ganz aus, wird mit einem Brenner zusätzlich geheizt. Je nach Beschaffenheit des Dachs und des Lichteinfallwinkels kann sehr viel Energie gewonnen werden, die dann nicht mehr mit anderen Brennstoffen erzeugt werden muss. Kollektoren in unterschiedlichster Bauart werden inzwischen angeboten und amortisieren sich unterschiedlich schnell. Rechnen lohnt sich!

**http://www.solarfoerderung.de**
**http://www.thema-energie.de**
**http://db.bmwa.bund.de**

# WASSER

## Vorlaufwasser

Wird Warmwasser benötigt, laufen oft je nach Bauart bis zu 10 Liter Wasser aus dem Hahn, bis die nötige Temperatur erreicht ist. Das in der Leitung stehende kalte Wasser muss vorher herauslaufen, bevor das Warmwasser an der Armatur ankommt. Diese verschwendete Wassermenge kann z.B. in einer Gießkanne aufgefangen und zum Blumengießen benutzt werden.
Der Einbau einer Zirkulationspumpe kann zudem Wasser und Energie sparen. Die Pumpe „lernt" intelligent, wann warmes Wasser gebraucht wird und sorgt dann sofort für dessen Bereitstellung.

**http://www.zirkomat.de**
**http://www.miller-energiesparsysteme.de**

## Hebelmischarmaturen

Einhebelmischer sollten bei der Kaltwasserabgabe immer ganz auf „kalt" gestellt werden, da sonst Warmwasser mitfliesst, obwohl es nicht einmal bemerkt wird. Der Handhebel kann so befestigt werden, dass er bei Kaltwasser senkrecht nach vorne zeigt. Um Warmwasser zu entnehmen, muss der Hebel nun um 180° nach hinten gedreht werden. Bei den meisten Armaturen ist der Hebel, wenn er nach vorne zeigt in Mittelstellung, d.h. es fließt immer Warmwasser mit, obwohl man nur kaltes Wasser entnehmen will. Fragen Sie im Zweifel ihren Installationsbetrieb.

## Duschen und Baden

Duschen ist generell günstiger als Baden. Beim Duschen verbraucht man nur ca. ¼ der Wassermenge, die zum Baden benötigt wird. Ein Spar-Duschkopf (Perlator) kann zudem Wasser einsparen.

## Boiler

Bei zu hoch eingestellten Temperaturen des Boilers verkalken die Heizelemente. Stellen Sie die Temperatur nur so hoch ein, wie Sie sie wirklich benötigen. Der Boiler sollte regelmäßig gewartet und gegebenenfalls entkalt werden. Bei starken Kalkablagerungen auf den Heizelementen reduziert sich die Heizleistung.

## Nachtabsenkung

Neuere Warmasserbereiter verfügen über eine Zeitschaltuhr, mit der das Warmwasser an den durchschnittlichen Tagesablauf angepasst werden kann. So kann z.b. in der Nacht die Wassertemperatur gedrosselt werden. Ist z.b. tagsüber niemand in der Wohnung, genügt es, das Warmwasser erst abends zur Verfügung zu stellen.

## Toilettenspülung

Falls Sie noch über keine Sparttaste an Ihrer Toilettenspülung verfügen, wird es höchste Zeit. Sie sparen bei jeder Spülung einige Liter Wasser. Spartasten und Nachrüstsets gibt es im Baumarkt.

# STROM

## Energieanbieter

Vergleichen Sie die Tarife der Energieanbieter. Seit der Privatisierung der Stromkonzerne lohnt es sich eventuell, seinen alten Stromvertrag zu kündigen und auf einen kostengünstigeren Tarif eines anderen Anbieters umzustellen.

**www.strom-magazin.de**

## Strommessgeräte

Durch ein Strommessgerät kann der tatsächliche Stromverbrauch eines elektrischen Gerätes in kWh (Kilowatt pro Stunde) gemessen werden. Dies ist je nach Gerät auch über längere Perioden möglich. So können Sie defekte Geräte gleich erkennen und bekommen einen Überblick über Geräte, die besonders viel Strom verbrauchen. Oft lohnt sich dann auch die Neuanschaffung eines energiesparenden Gerätes.
Erscheint Ihnen der Stromverbrauch eines Gerätes zu hoch, vergleichen Sie diesen mit den technischen Angaben in der Bedienungsanleitung. Ist der Stromverbrauch um ein vielfaches höher, kann ein Defekt am Gerät vorliegen, z.B. eine eingerissene Dichtung am Kühlschrank.

So rechnen Sie den Stromverbrauch eines Gerätes aus:

Der Energieverbrauch eines Gerätes wird in Watt angegeben. Verbraucht z.B. ein Gerät 50Wh (Watt pro Stunde) – dieser Wert ist entweder in den technischen Daten angegeben oder kann mit einem Strommessgerät ermittelt werden – dann bedeutet das:

50Wh / 1000
= 0,05 kWh (Kilowatt pro Stunde)

0,05 kWh x 15 Cent/kWh (Strompreis Ihres Anbieters)
= 0,75 Cent (pro Stunde)

0,75 Cent x 24 (Stunden)
= 18,75 Cent (pro Tag)

18,75 Cent (pro Tag) x 365 (Tage)
= 6.843,75 Cent = 68,44 € pro Jahr!

1 Wh sind bei einem Energiepreis von 15 Cent pro kWh demnach:

0,015 Cent pro Stunde
oder 0,36 Cent pro Tag
oder 131,40 Cent = 1,31 € pro Jahr

Sie können nun die Kosten für jedes Ihrer Geräte ermitteln.

## Elektrische Geräte

Besonders sparsame Geräte haben oft einen höheren Anschaffungswert, der sich aber auf die Dauer auszahlt. Achten Sie bei der Anschaffung neuer Geräte auf die Energiebezeichnung „A++" z.b. bei Kühl- und Gefrierschrank, Geschirrspüler, Herd, etc.. Vergleichen lohnt sich, denn z.b. bei Kühl und Gefrierschränken bedeuten oft kleine Unterschiede schon sehr viel Geld. Diese Geräte verbrauchen das ganze Jahr hindurch Strom, da sie immer angeschaltet sind. Eine Differenz von nur 10Wh sind bei einem Strompreis von 15 Cent/kWh immerhin 13,14 € und in der gesamten Lebensdauer z.B. eines Kühlschrankes von ca. 15 Jahren 197,10 € ! (Bei gleich bleibendem Energiepreis).

## Standby-Geräte und Netzteile

Bei Standby-Geräten ist das Netzteil trotz abgeschaltetem Gerät immer in Betrieb. Diese Geräte, wie Videorecorder, DVD-Player, Fernseher, etc. lassen sich dann mit der Fernbedienung an und ausschalten. So wird trotz ausgeschaltetem Gerät Strom verbraucht. Geräte, die über ein Netzteil verfügen, wie Halogenlampen, Ladegräte etc., verbrauchen ebenso Strom, nur wenn sie in der Steckdose eingesteckt sind. In der Summe ist der Stromverbrauch beträchtlich.

Sie erkennen solche Geräte daran, dass ein Lämpchen, eine Anzeige oder eine Uhr leuchtet oder dass das Gerät oder das Netzteil erwärmt ist, obwohl es eigentlich nicht eingeschaltet wurde. Prüfen Sie im Zweifelsfall mit einem Strommessgerät den Standby-Stromverbrauch Ihrer Geräte und rechnen Sie sich die so ersparte Summe aus.

Der ermittelte Standby-Stromverbrauch ist z.B.:

| | |
|---|---|
| 2 Halogenlampen | 12 Wh |
| DVD-Player | 13 Wh |
| Fernseher | 19 Wh |
| Stereoanlage | 12 Wh |
| Videorecorder | 9 Wh |
| | 65 Wh |

65Wh / 1000
= 0,065 kWh (Kilowatt pro Stunde)
0,065 kWh x 15 Cent/kWh (Strompreis Ihres Anbieters)
= 0,975 Cent (pro Stunde)
0,975 Cent x 24 (Stunden) = 23,4 Cent (pro Tag)
23,4 Cent (pro Tag) x 365 (Tage) = 8.541 Cent (pro Jahr)
= 85,41 € pro Jahr!

Standby-Geräte sollten deshalb in getrennte Steckdosenleisten mit Schalter eingesteckt werden. Diese können dann immer komplett ausgeschaltet werden, wenn die Geräte nicht benötigt werden. Praktisch ist es, wenn Sie Geräte in Gruppen ordnen und sie dann nur bei Bedarf zusammen ein und ausschalten:

- Geräte im Wohnzimmer: Hifianlage, Fernseher, Video, DVD
- Ladegeräte für Kameras, Handys
- Geräte im Büro: Computer, Modem, Monitor, Kopierer
- Geräte im Badezimmer: elektrische Zahnbürste, Rasierer
- Geräte in der Küche: Espresso- und Kaffeemaschine, Radio

Bei Halogenlampen, sollte der EIN/AUS-Schalter vor (!) und nicht hinter dem Netzteil liegen.
Vor dem Urlaub sollten möglichst alle elektrischen Geräte ausgesteckt werden.

## Kühl- und Gefrierschränke

Besonders bei der Anschaffung dieser Geräte sollte auf den Energieverbrauch geachtet werden. So gibt es von Hersteller zu Hersteller einen oft doppelt so hohen Energieverbrauch bei ähnlichem Gerät! Das Energielabel gibt an, wie viel Strom das Gerät verbraucht. So können Sie beim Kauf genau vergleichen. Die Bezeichnung A++ bezeichnet das sparsamste Gerät. In jeder Stufe gibt es jedoch auch Unterschiede!

Überlegen Sie sich, ob Sie unbedingt ein Gefrierfach im Kühlschrank benötigen. Der Stromverbrauch von Geräten mit integriertem Gefrierfach ist um einiges höher.

Beim Aufstellen ist darauf zu achten, dass Kühlgeräte nicht neben Wärmequellen (Herd, Ofen, Heizung etc.) aufgestellt werden. Die Geräte benötigen dann mehr Strom, um die Kühltemperatur zu erreichen.

Ein Thermometer im Kühlschrank hilft, die richtige Kühltemperatur einzustellen. Zu viel Kälte ist nicht notwendig und verbraucht nur unnötig Energie. Ein Kühlschrank sollte eine Innentemperatur von ca. 4-5 °C haben.

Entfernen Sie entstandenes Eis möglichst bald, da ein Eisbelag höheren Energiebedarf nach sich zieht. Stellen Sie deshalb auch nichts Warmes oder Heißes in den Kühlschrank. Lassen sie es vorher abkühlen, da der Kühlschrank sonst unnötig Energie verbraucht, um den Innenraum wieder herunterzukühlen.

Konrollieren Sie regelmäßig die Dichtungen der Türen und tauschen Sie defekte Dichtungen aus.

Bei der Aufstellung von Kühlgeräten ist darauf zu achten, dass die Rückseite (Kühlschlangen, Gitter) die Wärme an die Raumluft auch gut abgeben kann. Stehen die Geräte zu dicht an der Wand oder sind falsch eingebaut, ist der Wärmeaustausch beeinträchtigt. Aus gleichem Grund sollte die Rückseite der Geräte von Staubbelägen gereinigt werden – genauso wie die Lamellen von Heizkörpern.

## Kaffee- und Espressomaschinen

Kaffeemaschinen mit Heizplatten verbrauchen oft den ganzen Tag Strom, da diese nicht abgestellt werden. Füllen Sie den Kaffee nach Bereitung in eine Thermoskanne – so können Sie ebenso lange heißen Kaffee genießen.
Espressomaschinen haben oft einen Wassertank, der erst angeheizt werden muss. Die Maschine sollte nur dann angeheizt werden, wenn Sie sie auch benötigen. Hier ist der Einsatz einer Zeitschaltuhr sinnvoll.

## Elektrische Kleingeräte

Es gibt inzwischen unzählige elektrische Kleingeräte, die nicht immer notwendig sind. Sie sind schnell angeschafft und stehen dann meist ungenutzt im Regal. Überlegen Sie vor der Anschaffung eines solchen Gerätes immer, ob Sie es auch wirklich benötigen. Zu diesen kleinen Helfern gehören: Brotschneidemaschinen, Folienschweißgeräte, elektrische Messer, Dosenöffner, Entsafter, etc.

## Geräte mit Batterien

Verwenden Sie nach Möglichkeit Geräte mit Netzteil. Dies ist günstiger als der Kauf von Einwegbatterien oder das Aufladen von Akkus. Achten Sie schon beim Kauf darauf, ob Sie auch ein Netzteil anschließen können. Ist der Betrieb nur mit Batterien möglich, verwenden Sie Akkus von guter Qualität. Nur wenn es nicht anders möglich ist, sollten Sie auf Einwegbatterien zurückgreifen – sie sind auf Dauer die kostenintensivste und umweltschädigendste Lösung.

## Gebrauchte Elektrogeräte

In vielen größeren Städten gibt es Gebrauchtwarenhändler, die überholte und instand gesetzte Geräte mit Garantie anbieten. Die Geräte sind meist je nach Zustand 50% günstiger als Neuware. Informieren Sie sich nach Strom- und Wasserverbrauch und lassen Sie sich den Kauf für eine eventuelle Rückgabe oder Reklamation quittieren.

# KÜCHE

## Kochen

Verwenden Sie nach Möglichkeit immer Deckel für Ihre Töpfe. Die Wärme kann so nicht nach oben entweichen und der Inhalt erwärmt sich schneller. Ist kein Deckel auf dem Topf, verdoppelt sich die zum Erwärmen notwendige Energie. Besonders beim Wasserkochen sollte sich immer ein Deckel auf dem Topf befinden.

## Passende Geschirrgrößen

Die Topfgröße muss immer genau der Herdplatte entsprechen. Bei der Verwendung zu kleiner Töpfe, geht viel Energie verloren. Verwenden Sie auf Elektro- oder Cerankochfeldern nur Geschirr mit absolut planem Boden, da es sonst durch mangelnden Bodenkontakt die Hitze nur ungenügend aufnehmen kann. Auf Gasherden können Sie diese hingegen problemlos verwenden.

## Kochen mit Dampf

Ein Dampfdrucktopf spart viel Energie. Ist der Druck im Topf erreicht, wird die Heizplatte sofort zurückgeschaltet und damit Strom gespart. Außerdem sind Speisen schneller gar und Wasser wird eingespart. Dies lohnt sich vor allem für Speisen mit langer Zubereitungszeit wie z.B. für Kartoffeln, Fleisch etc.

## Restwärme

Heizplatten bleiben selbst nach dem Zurückschalten der Temperatur noch lange Zeit heiß und geben Wärme ab. So kann schon vor Beenden des Kochvorgangs auf Null zurückgeschaltet und die Restwärme der Platte genutzt werden.

## Vorheizen

Öfen müssen nicht immer vorgeheizt werden. Dadurch verbrauchen Sie nur unnötig viel Strom. Heizen Sie nur vor, wenn unbedingt notwendig.

# SPÜLEN

## Maschine oder Handabwasch?

Generell geht man davon aus, dass der Handabwasch mehr Kosten verursacht, als die Reinigung des Geschirrs durch einen Geschirrspülautomaten. Ein elektrischer Geschirrspüler geht sparsamer mit dem Wasser um. Er verbraucht nur ca. die Hälfte des Wassers einer Handwäsche. Die Geschirrspülmaschine ist also eindeutig vorzuziehen.

## Geschirrspülmaschine

Was für die Waschmaschine gilt, das gilt auch für den Geschirrspülautomaten. Auch er sollte beim Spülen immer vollständig gefüllt sein. Eine halb gefüllte Maschine verbraucht genau so viel Energie und Wasser wie eine gefüllte.
Auch bei der Anschaffung eines neuen Geschirrspülers muss auf den Wasser- und Energieverbrauch geachtet werden. Kleinere Maschinen mit 40 cm oder 50 cm Breite verbrauchen u. U. genau so viel Wasser und Strom wie große Maschinen mit 60 cm Breite.
Eine moderne gute Maschine spült so gut, dass keine Vorwäsche erfolgen muss – d.h. es ist nicht notwendig, Geschirr vorher unter fließendes Wasser zu halten und dann erst in die Maschine zu stellen. Dabei geht unnötig Wasser verloren.

## Geschirrspülmittel

Für den Anwender sind die so genannten Tabs (in Quaderform gepresste Reinigungsmittel) zwar praktisch, sie lassen sich aber nicht dosieren. Ist das Geschirr nicht stark verschmutzt (z.B.

keine Eiweißreste auf den Tellern) dann empfiehlt es sich, die Reinigermenge zu reduzieren. Es sollte nur soviel wie unbedingt notwendig verwendet werden. Daher ist die Verwendung von dosierbarem Pulver zu empfehlen.

## Die richtige Temperatur

Oft spült eine Maschine genauso sauber, wenn sie nicht mit der höchsten Wassertemperatur arbeitet. Reduzieren Sie die Temperatur und testen Sie die Ergebnisse. Arbeitet Ihre Maschine auch bei niedrigeren Temperaturen, sparen sie Stromkosten, da das Wasser nicht auf so hohe Temperatur erhitzt werden muss. Außerdem ist die Kalkbildung der Maschine bei niedrigeren Temperaturen weniger stark.

# HAUSMÜLL

## Müll vermeiden

Verpackungsmüll kann man im Handel zurückgeben oder je nach Müllverordnung in aufgestellte Behälter geben. Die Hauseigene Mülltonne sollte möglichst klein gehalten werden. Kontrollieren Sie regelmäßig Ihr Müllaufkommen und wechseln Sie u.U. zu einer kleineren und damit günstigeren Tonne.

Schrott und Alteisen im Keller können Sie in Wertstoffsammelstellen abgeben. Unter Umständen gibt es noch ein wenig Geld für den Kellerfund, z.B. für Kupfer und Aluminium.

Gartenabfälle und organische Küchenabfälle lassen sich im eigenen Garten ohne große Mühe kompostieren. Man spart sich die Müllabfuhr und hat nach einiger Zeit kostenlosen wertvollen Humus für die eigenen Pflanzen.
Inzwischen gibt es auch kleinere Kompostbehälter, die auf Balkonen und Terrassen aufgestellt werden können.

**http://www.hausgarten.net**

# LAMPEN

## Glühlampen

Normale Glühlampen wandeln Energie hauptsächlich in Wärme um. Im Durchschnitt sind das ca. 90%! Glühlampen haben einen sehr schlechten Wirkungsfaktor. Überlegen Sie deshalb die Verwendung von Energiesparlampen, überall da, wo ihr Einsatz möglich ist.

## Halogenlampen

Halogenlampen benötigen meist ein externes Netzteil. Dieses ist nicht sparsam und verbraucht sehr viel Energie. Auch die Halogenbirne wandelt die Energie hauptsächlich in Wärme um. Der An/Aus-Schalter von Halogenleuchten muss so angebracht sein, dass er das Netzteil auch mit abschaltet. Viele Halogenlampen verfügen über einen Schalter nach dem Netzteil. Das Netzteil verbraucht dann trotz abgeschaltetem Licht weiter Strom. Schließen Sie deshalb diese Lampen an eine Steckdosenleiste mit Schalter an und schalten Sie sie immer dort an und aus.

## Energiesparlampen

Die Lebensdauer von Energiesparlampen ist ca. zehn Mal länger als von Glühlampen. Die benötigte Energie ist fünf Mal geringer als bei Glühlampen. Eine 15 Watt Energiesparlampe erzeugt also ungefähr gleich viel Licht wie eine Glühlampe mit 75 Watt! Der höhere Anschaffungswert rechnet sich schnell, da die Lampe eine längere Lebensdauer hat und weniger Strom verbraucht.

http://www.rettet-unsere-welt.de

# AUTO

## Autofahren

Treibstoff ist in heutiger Zeit teurer als je zuvor. Politische Konflikte beeinflussen den Rohölpreis entscheidend. Zusätzlich ist davon auszugehen, dass die Weltölreserven langsam zur Neige gehen. Diese Gründe – plus die steigenden Preise der Treibstofflieferanten – sorgen dafür, dass Benzin und Diesel in Zukunft mit hoher Wahrscheinlichkeit eher teurer als billiger werden. Für jeden, der ein Auto hat, ergibt sich damit die Frage: „Wie kann ich Sprit sparen?"
Folgende Tipps und Tricks helfen dabei, den Treibstoffverbrauch – und auch den Verschleiß des Autos – zu senken. Je nach Fahrzeugtyp und dessen Motorisierung kann ca. 30% des Kraftstoffs eingespart werden – und das ohne Komfortverlust!

**Die Grundüberlegung muss sein:**

Ist überhaupt ein eigenes Auto notwendig?
Im Schnitt werden Autos nur rund 40 Minuten am Tag bewegt. Für den Rest der Zeit steht das Auto. Steuer, Versicherung, Anschaffungskosten, Wartung, Wertverlust und Park-/Stellplatzgebühren machen das Auto zu einem regelrechten Geldvernichter. Viele Menschen besitzen Autos nur, um sich frei zu fühlen – damit sie immer, falls sie Lust dazu verspüren, losfahren können. Betrachtet man diesen Punkt realistischer und weniger emotional, muss man klar sagen, dass die meisten Autos in Großstädten fast nur zum Einkaufen benutzt werden. Gerade hier ist die Infrastruktur meist so gut, dass es sich lohnt, auf alternative Verkehrsmittel umzusteigen:

Rechnen Sie einmal alle Kosten Ihres Pkws zusammen. Sie werden erstaunt sein, wie viel Geld Sie in kleinen Summen über das Jahr verteilt in Sachen Auto ausgeben müssen:

An- und Ummeldekosten: _____ €

Gesetzliche Steuern pro Jahr: _____ €

Haftpflichtversicherung pro Jahr: _____ €

Teil-/Vollkaskoversicherung pro Jahr: _____ €

Reparatur, Wartung, Inspektion p. Jahr: _____ €

Wäsche, Pflege pro Jahr _____ €

Verbrauchsmaterial (Wischblätter,
Reifen, Öl, Frostschutz etc.): _____ €

Sonstiges Zubehör: (Sitzbezüge,
Fußmatten, Freisprecheinrichtung,
Navigationssystem etc.) _____ €

Garage/Stellplatz Miete pro Jahr: _____ €

Parkgebühren pro Jahr: _____ €

Wertverlust des Fahrzeugs pro Jahr ca.: _____ €
(In den ersten drei Jahren verliert ein
Auto rund 50% des Neuwagenwertes)

Summe: _____ €

Die Summe aller Ausgaben pro Jahr ist beträchtlich.
Folgende Überlegungen helfen beim Sparen:

- Ist ein Zweitwagen unbedingt notwendig?
Die Kosten für einen kaum genutzten Zweitwagen sind sehr hoch. Oft lässt sich durch gute Tagesorganisation ein Auto einsparen.

- In vielen größeren Städten gibt es mittlerweile CarSharing. Hier teilen sich mehrere Personen ein Fahrzeug. Sie können so selbst ein Auto nutzen, ohne es besitzen zu müssen. Der CarSharing-Anbieter verlangt eine monatliche Gebühr, die weit unter den laufenden Kosten eines eigenen Fahrzeugs liegt. Wenn Sie nur ab und zu fahren, können Sie so viel Geld sparen. Die Angebote der Anbieter sind inzwischen stark angewachsen, so dass besonders in Großstädten zeitlich flexibel ausgeliehen werden kann.

**http://www.carsharing.de**

- Benutzt man das Auto im Jahr nicht oft, lohnt es sich darüber nachzudenken, ob es nicht günstiger ist, mit öffentlichen Verkehrsmitteln zu fahren und ab und zu ein Taxi zu benutzen.

- Größere Distanzen lassen sich inzwischen günstiger und schneller mit dem Flugzeug zurücklegen. Discount-Fluggesellschaften befördern heute günstiger als die Bahn. Nur wenn das Auto voll besetzt ist, sparen Sie Geld. Eine Alleinfahrt ist immer kostspielig.

**http://www.wohnen-ohne-auto.de**

Bei der Neuanschaffung eines Fahrzeugs sollten folgende Punkte berücksichtigt werden:

### Treibstoffverbrauch
Bei hohen Treibstoffpreisen ist der durchschnittliche Verbrauch entscheidend. Vergleichen lohnt sich.

### Treibstoffwahl
Dieselfahrzeuge sind aufgrund der höheren Besteuerung und der höheren Anschaffungskosten erst ab höheren Kilometerleistungen pro Jahr rentabel (ab ca. 20.000 – 40.000 km/Jahr je nach Modell). Der durchschnittliche Autofahrer fährt aber nur ca. 11.000 km im Jahr. Das bedeutet: ein Diesel rentiert sich für den Durchschnitt kaum, trotz der niedrigeren Kraftstoffpreise – die Einsparung wird durch die höhere Besteuerung wieder aufgehoben.

Wenn die Entscheidung trotzdem zugunsten des Dieselmodells ausfällt, sollte im Hinblick auf die zukünftige Preisentwicklung das Tanken von Bio-Kraftstoffen mit dem Modell technisch möglich sein. Bio-Kraftstoffe sind günstiger und schonen die Umwelt, da sie aus Energiepflanzen z.B. Raps hergestellt werden. Da davon auszugehen ist, dass in Zukunft die Rohölpreise eher steigen als sinken werden, sollten solche Kraftstoffalternativen schon bei der Auswahl der Motorisierung berücksichtigt werden.

**http://www.adac.de**

### Automatik oder Schaltgetriebe
Ältere Automatik-Modelle schalten selten sparsam und die Automatik lässt sich nicht beeinflussen. Fahren Sie ein mit Schaltgetriebe ausgestattetes Auto, können Sie die Gänge selbst wählen. Sie können deshalb den Spritverbrauch durch niedertouriges Fahren reduzieren, was beim Automatikgetriebe nur schwer möglich ist. Neuere Automatikgetriebe arbeiten sparsamer und verfügen z.T. auch über Eco-Schalter, bei deren Aktivierung die Motorelektronik den Schaltvorgang und die Drehzahl weniger

sportlich einstellt – dadurch wird Kraftstoff eingespart. Der „Kick-down" eines Automatik-Fahrzeugs verbraucht enorm viel Kraftstoff, da hier meist in ganz niedrige Gänge bei sehr hoher Drehzahl zurückgeschaltet wird, um die Beschleunigungskraft zu erhöhen. Ein Kick-down sollte deshalb nur in Ausnahme-Situationen genutzt werden.

### Steuer
Oft ist der höhere Anschaffungswert eines „sauberen" Autos schnell wieder eingespielt, berücksichtigt man die höhere Besteuerung technisch veralteter oder umweltproblematischer Modelle – z.B. bei fehlendem Abgasfilter/Katalysator.

### Gewicht und Größe
Nach Möglichkeit sollten Sie auf besonders schwere und große Fahrzeuge verzichten. Geländewagen sind nicht nur schwer, sie haben aufgrund ihrer Höhe und der steilen Windschutzscheibe auch einen hohen Luftwiderstand, den man nach jedem Kilometer im Geldbeutel spürt. Jedes Kilogramm Stahl, das sie mit dem Auto fortbewegen, kostet Geld. Achten Sie auf das Gewicht des Fahrzeugs.

### Bereifung
Breitreifen haben höhere Anschaffungskosten und einen höheren Rollwiderstand auf der Fahrbahn. Gegebenfalls ersetzen Sie diese durch Normalbereifung. Fahren Sie einen Geländewagen, steigen Sie auf normale Straßenbereifung um. Geländereifen verbrauchen durch ihren höheren Abrollwiderstand mehr Sprit.

### Versicherung
Die Versicherung ist von Modell zu Modell verschieden hoch – Cabrios kosten z.B. mehr. Die Versicherungsprämien errechnen sich aus verschiedenen Faktoren, unter anderem: die Leistung des Fahrzeugs, die statistische Unfallhäufigkeit des Fahrzeugs, die Unfallhäufigkeit am Anmeldeort und die Jahreskilometer. (Melden Sie das Fahrzeug gegebenenfalls am günstigeren Zweitwohnsitz an. Die Einstufung nach Bezirken können Sie bei Ihrer

Versicherung erfragen).
Prüfen Sie Ihren Versicherungsvertrag und vergleichen Sie mit Konkurrenzangeboten. Die meisten Versicherungen erlauben den Übertrag des aktuellen Schadenfreiheitsrabatts Ihrer alten Versicherung, wenn Sie einen neuen Vertrag abschließen. Viele Versicherungen berücksichtigen heutzutage noch mehr Faktoren, die eine genauere Einstufung und Einsparung ermöglichen: z.B. ob das Auto in einer Tiefgarage, in einer Einzelgarage, im Carport oder auf der Straße geparkt wird oder welches Geschlecht und welchen Beruf der Besitzer hat oder wie viele Personen das Fahrzeug benutzen. Hier lohnt es sich, explizit nachzufragen und Änderungen sofort der Versicherung mitzuteilen.

Eine Vollkasko-Versicherung ist nur bei entsprechendem Restwert des Fahrzeugs sinnvoll. Hat das Fahrzeug nur noch einen sehr geringen Wert, ist es günstiger in eine Teilkasko-Versicherung zu wechseln, da die Erstattung der Versicherung im Falle eines Unfalls sehr niedrig ausfällt – unter Umständen so niedrig, dass der Jahresbeitrag einer Vollkaskoversicherung höher sein kann, als der aktuelle Wert des Autos.
Lassen Sie den Wert Ihres Autos von einem Händler schätzen und wägen Sie dann entsprechend ab.

### Neuwagen oder Gebrauchtwagen?

Der Wert eines Neuwagens reduziert sich in den ersten drei Zulassungsjahren auf etwa die Hälfte! Dieser Wertverlust des Fahrzeugs wird oft unterschätzt oder erst gar nicht in die Überlegungen aufgenommen. Ein gepflegtes Gebrauchtfahrzeug für den Privatgebrauch ist auf jeden Fall günstiger, da der Wertverlust in den folgenden Jahren geringer ausfällt. Der Wertverlust ist von Marke zu Marke unterschiedlich. Marken, die qualitativ hochwertiger beurteilt werden, haben einen höheren Wiederverkaufswert als Importfahrzeuge mit schlechterer Beurteilung.

**http://www.adac.de**
**http://www.auto-motor.at**

## Spritverbrauch des Autos

Der Durchschnittsverbrauch eines Fahrzeugs ist beeinflussbar! Durch einige Regeln lässt sich der Verbrauch um ca. 30% reduzieren. Mit zusätzlichen Tricks, die einer Umstellung der Fahrweise bedürfen, lässt sich der Verbrauch nochmals um 10-20% reduzieren.

## Allgemeine Regeln um Sprit zu sparen

### Kurzstrecken vermeiden
Vermeiden Sie unbedingt die Fahrt mit dem Auto, wenn Sie die Strecke auch problemlos mit dem Fahrrad oder zu Fuß bewältigen können. Auf den ersten vier Kilometern muss sich der Motor erst erwärmen, bis die Arbeitstemperatur erreicht ist. Gerade auf diesen ersten Kilometern verbraucht der Motor am meisten Treibstoff.

### Reifendruck
Kontrollieren Sie in regelmäßigen Abständen (ca. alle zwei Monate) den Reifendruck.
Der Reifendruck sinkt pro Monat im Schnitt um 0,1 bar. Haben die Reifen einen um 0,2 bar niedrigeren Luftdruck, verbraucht das Fahrzeug schon ca. 1% mehr Kraftstoff.

### Früher in hohe Gänge schalten
Fahren Sie das Fahrzeug möglichst niedertourig. Viele Fahrzeuge verfügen über sehr großen Hubraum und damit verbundenem Drehmoment – auch in niedrigen Drehzahlen. Schalten Sie früher in hohe Gänge, reduzieren Sie die Drehzahl des Motors und damit verbunden den Kraftstoffverbrauch. Ab 50 km/h können Sie ohne Probleme auf ebener Straße in den 5. Gang schalten. Fahren Sie immer im höchstmöglichen Gang. Erkundigen Sie sich im Zweifel bei Ihrem Hersteller/Servicetechniker.

### Gleichmäßig und vorausschauend fahren

Gleichmäßiges Fahren spart Kraftstoff. Die Bremsen werden zudem geschont und haben eine längere Lebensdauer. Dauerndes Beschleunigen und Abbremsen verbraucht enorm viel Sprit. Auch im Stau sollte man nicht stark beschleunigen, um dann wieder nach einigen Metern scharf abzubremsen. Fahren Sie gleichmäßig mit größerem Abstand zum Vordermann. So reduzieren Sie unnötiges Bremsen und können die Motorbremse nutzen.

### Motor beim Warten abschalten

Warten Sie im Stau oder an einem Bahnübergang, sollte der Motor wenn möglich sofort abgestellt werden. Ein Motor im Leerlauf verbraucht zwar nicht so viel Kraftstoff – trotzdem ist das Neustarten des Motors sparsamer.

### Dachgepäckträger, Schibox entfernen

Leere Dachträger, Schiboxen, Fahrradhalterungen etc. – d.h. alle Teile, die nachträglich an das Auto montiert wurden – stören die Aerodynamik des Fahrzeugs. Jeder abstehende Gegenstand verursacht Luftwiderstand, der mit höherem Kraftstoffverbrauch bezahlt werden muss. Montieren Sie alle Zusatzgeräte und Halterungen sofort ab, wenn sie nicht mehr benötigt werden.

### Unnötiger Ballast

Schauen Sie in den Kofferraum. Oft liegen dort längst vergessene Dinge, die sie lieber zu Hause lagern sollten als in Ihrem Fahrzeug – das gilt insbesondere z.B. für Sandsäcke, die zwar im Winter von Nutzen sind, im Sommer hingegen immer noch im Kofferraum spazieren gefahren werden. Entrümpeln lohnt sich, denn je leichter das Auto ist, desto weniger Sprit verbraucht es.

### Wartung der Motorverbrennung

Lassen Sie regelmäßig die Verbrennung des Motors überprüfen und neu einstellen. Ein schlecht verbrennender Motor verbraucht mehr Kraftstoff, da Teile der Kraftstoffmenge nicht zünden und ohne Nutzen verschwendet werden.

**Technik nachrüsten**

Der Staat fördert umweltschonendes Handeln – z.B. lassen sich Katalysatoren und Filteranlagen nachrüsten. Die Steuer wird dadurch z.T. erheblich reduziert, so dass sich die Investition nach ein paar Jahren rechnet. Lassen Sie sich ein Angebot Ihrer Werstatt machen und erfragen Sie die Vergünstigung bei Ihrer Zulassungsstelle.

**Starten**

Starten Sie das Fahrzeug ohne mit dem Fuß das Gaspedal zu betätigen. Sie verbrauchen durch den hochdrehenden Motor im Leerlauf unnötig viel Kraftstoff. Der kalte Motor verbrennt das Gemisch noch nicht so gut und Energie geht unnötig verloren.

**Rasen vermeiden**

Je schneller die Geschwindigkeit ist, desto mehr Luftwiderstand muss das Fahrzeug überwinden. Eine Regel besagt, dass die normale Reisegeschwindigkeit bei ca. 100 km/h liegen sollte (je nach Fahrzeug bei ca. 80 – 120 km/h). Das bedeutet, dass das Auto im höchsten Gang bei 100 km/h am wenigsten verbraucht. Fährt man schneller, steigt der Verbrauch an, fährt man langsamer, steigt der Verbrauch ebenso. Oft kann es sehr nützlich sein, auf der rechten Spur hinter einem Lkw eine Langstrecke zu bewältigen. Lkw-Fahrer fahren meist sehr konstant und vorausschauend – d.h. dass auch für Sie die Fahrt zwar langsamer, aber sehr erholsam wird – zudem sparen Sie eine Menge Sprit. Übermäßiges Beschleunigen z.B. auf 180-200 km/h verbraucht nicht nur sehr viel Kraftstoff sondern ist auch selten lohnenswert. Die Aufmerksamkeit sinkt sowieso nach einigen Kilometern – und es wird automatisch wieder langsamer gefahren. Schert ein überholendes Fahrzeug nach links aus, muss das Auto stark abgebremst werden – nicht selten von 180 km/h auf 80 km/h. Bremsen und Reifen werden abgenutzt und die nachfolgende Beschleunigung benötigt wieder enorm viel Energie. Eine Änderung der Fahrweise kann sehr viel Geld sparen.

**Regeln für Gelassenheit:**

- Bei Terminen <u>rechtzeitig</u> losfahren.
- Auf Langstrecken nur bis ca. 120 km/h schnell fahren.
- Nicht zu dicht auffahren.
- Vorausschauend fahren, unnötiges Bremsen vermeiden.
- Schnelles Beschleunigen vermeiden.

## Tipps für Super-Sparer

### Motorbremse

Fahren Sie bergab, ist der Gebrauch der Motorbremse von Vorteil. Legen Sie dazu einfach einen niedrigeren Gang ein und gehen Sie vom Gas. Der Motor bremst nun das Auto, ohne Sprit zu verbrauchen. Im Gegensatz zum Leerlauf sinkt dabei der Verbrauch auf Null, denn die Injektion des Treibstoffs wird bei den meisten Fahrzeugen ausgesetzt. Das Fahrzeug wird so langsam abgebremst oder den kompletten Berg hinab gefahren, ohne dass die Bremse betätigt werden muss. Die Bremsbeläge werden geschont.

### Schwung nutzen und rollen

Auf der Landstraße geht es oft bergauf und bergab. Niemand nutzt die Energie, das Auto einfach bergab rollen zu lassen. Hierbei wird nicht der Motor abgestellt, sondern einfach nur der Leerlauf eingelegt. Fährt man mit Vollgas wieder den Berg hinab, verbraucht dies unnötig viel Kraftstoff. Verlangsamt sich das Tempo, wird wieder in einen passenden Gang eingekuppelt. Die Änderung dieses Fahrverhaltens bedarf allerdings eines kompletten Umdenkens, das sich aber mit Übung genauso erlernen lässt, wie das Kuppeln in der Fahrschule. Am Anfang scheint dies sehr ungewohnt, ist es aber Normalität, wird man so am sparsamsten fahren, ohne weiter darüber nachzudenken.

**Tanken an ausgewählten Tankstellen**

Nicht alle Tankstellen haben immer den gleichen Preis. Vergleichen Sie! Freie Tankstellen haben meist einen günstigeren Preis als die Filialen großer Konzerne. Das Tanken auf der Autobahn ist meistens teurer – tanken Sie deshalb schon, bevor Sie auf die Autobahn fahren.

**http://www.clever-tanken.de**

**http://www.benzinpreis.de**

# WAREN DES TÄGLICHEN BEDARFS

## Discounter

Um bei Lebensmitteln zu sparen, sollten Grundnahrungsmittel beim Discounter eingekauft werden. Discounter haben zudem besondere Lock-Angebote, die interessant sind. Dies sind Angebote, die mit so geringen Gewinnspannen angeboten werden, dass kein Konkurrent mithalten kann. Greifen Sie besonders bei solchen Angeboten zu. Zu diesen Angeboten gehören auch teurere Artikel, besonders Waschmittel und Tiernahrung etc.
Auch technische No-Name-Geräte (dazu gehören: Kühlschränke, Gefriertruhen, Küchenmaschinen, Computer, Monitore, Fernseher etc.) sind inzwischen qualitativ so ausgereift (Achten Sie auf den Energieverbrauch!), dass sie ohne Bedenken gekauft werden können. Sie können bei Unzufriedenheit das Gerät ebenso zurückgeben, wie in einem Elektrofachgeschäft. Heben Sie deshalb die Quittung gut auf.

http://www.wer-zu-wem.de

## Lebensmittel vom Erzeuger

Bei Lebensmitteln können Sie vor allem dann sparen, wenn Sie direkt ab Erzeuger kaufen. So können Sie z.B. aufs Land fahren und Obst, Gemüse, Fleisch, Eier und Milch etc. direkt vom Bauern einkaufen. Der Landwirt kann Ihnen zudem etwas über Anbaugebiet und Qualität erzählen. Sie bekommen frische Ware zu niedrigerem Preis.

## Saisonales Obst und Gemüse

Heutzutage gibt es in den Supermärkten das ganze Jahr hindurch eine breite Palette an Gemüse- und Obstsorten. Viele dieser nicht heimischen Sorten wachsen in südlichen Ländern und müssen importiert werden. Kaufen Sie nur Obst und Gemüse, das zurzeit gerade bei uns angebaut wird. Es ist meist sehr günstig und muss nicht für den langen Transport konserviert werden.

## Markenprodukte und Handelsmarken

Lebensmitteldiscounter vertreiben von vielen Produkten identische Waren als Handelsmarken. Diese Produkte werden in großen Mengen in eigens dafür gestaltete Verpackungen verpackt und so im Handel angeboten. Die enthaltenen Produkte wie Milch, Butter, Toilettenpapier etc. unterscheiden sich nicht wesentlich von denen der Markenhersteller – sie werden sogar meist von ihnen produziert. Die Handelsmarken, z.B. „JA-Marke der Rewe-Kette" oder viele Produkte der Aldi-Kette sind günstiger als die vergleichbaren Markenartikel.

http://www.lebensmittelmarken.de
http://www.wer-zu-wem.de

## Bio ist nicht gleich Bio

Überprüfen Sie immer, ob es sich um eine Mogelpackung handeln könnte. Bio-Produkte haben oft einen sehr viel höheren Preis als Produkte, die aus konventioneller Herstellung stammen. Oft ist der Preis so hoch, dass er kaum zu rechtfertigen ist und die Gutgläubigkeit der Kunden ausgenutzt wird.
Seien Sie sich darüber im Klaren, dass auch hinter Bio-Produkten rein betriebswirtschaftlich rechnende Unternehmen stehen, die mit ihren Waren Profit machen wollen. Um ganz sicher zu gehen, kaufen Sie am Besten direkt beim Erzeuger.

## Trinkwasser

Trinkwasser – d.h. Wasser aus der Leitung – gehört in Deutschland zu den am besten überwachten Lebensmitteln. Es wird regelmäßig auf Schadstoffe und Bakterien untersucht, so dass es dem abgefüllten Wasser aus Flaschen nicht nachsteht.
Mögen Sie Wasser mit Kohlensäure, kann auch Leitungswasser mit Gas angereichert werden. Hierfür gibt es Geräte und Patronen im Handel. Sind die Patronen leer, können sie gegen volle ausgetauscht werden.
Sie sparen damit den Kauf von Wasserflaschen und den damit verbundenen Transport der schweren Getränkekisten.
Über die Qualität des Trinkwassers in Ihrer Region können Sie sich bei Städten und Gemeinden erkundigen. Diese führen genaue Prüfergebnisse von regelmäßigen Probeentnahmen.

## Tankstellenshops

Tankstellenshops sind zwar oft 24 Stunden geöffnet, diesen Service müssen Sie aber teuer bezahlen! Die Waren in Tankstellen sind meistens wesentlich teurer als im Supermarkt. Es ist also empfehlenswert dort nur zu tanken und nicht einzukaufen – auch keine Süßigkeiten.

## Apotheken

Schon das Sprichwort besagt, dass Apotheken teuer sind. Kaufen Sie dort deshalb nur Arzneien, die Sie nirgendwo anders kaufen können. Vitaminsäfte, Vitaminpräparate, Nahrungsergänzungsmittel, Pflaster, Bonbons, Babynahrung, Kosmetika, etc. erhalten Sie viel günstiger in Supermärkten oder in großen Discount-Drogeriemärkten wie z.B. bei DM, Schlecker oder Müller.

## Outlets und Fabrikverkauf

Oft lohnt es sich, Waren direkt ab Fabrik zu kaufen. Die meisten Hersteller haben einen solchen Laden. Am Bekanntesten sind die der Modemarken Boss etc. in Metzingen. Aber auch Lebensmittelhersteller verkaufen Produkte im eigenen Laden, z.b. Waren, deren Mindesthaltbarkeit zu kurz für einen Verkauf an Handelsketten ist oder deren Verpackung angestoßen ist.

## Basare für Kinderkleidung

Kindergärten und gemeinnützige Institutionen veranstalten regelmäßig Basare zum Verkauf von Kinderkleidung, Baby-/bzw. Kinderausstattung und Spielzeug. Die Termine geben die Gemeindenachrichten bekannt. Kleidungsstücke können ebenso wieder zum Verkauf abgegeben werden, sobald sie nicht mehr passen.

## Secondhand-Artikel

Kleidung, die Sie nicht mehr anziehen, können Sie sofort in einen Secondhand-Laden geben. Dort erhalten Sie wenigstens noch einen kleinen Betrag. In Secondhand-Läden gibt es zudem fast neue Kleidung, die gereinigt und sehr günstig ist. Es lohnt sich, besonders Kleidung, die nicht oft benötigt wird, dort einzukaufen (z.b. Schi-Kleidung etc.).

## Versandunternehmen

Meist ist es günstiger Waren per Versand zu bestellen und sich nach Hause schicken zu lassen. Der Mindestbestellwert für eine portofreie Lieferung liegt im Schnitt bei rund 20 Euro. Sie sparen Zeit, Benzin und Parkgebühren.

# LAUFENDE KOSTEN

## Versicherungen

Die meisten Menschen sind überversichert. Prüfen Sie alle Ihre Versicherungen. z.b. können Sie unter Umständen eine Haftpflichtversicherung mit Ihrem Partner teilen. Erkundigen Sie sich bei Ihrem Versicherungsunternehmen.

Sind Sie privat krankenversichert und gehen nicht oft zum Arzt, kann es sich lohnen, in Ihren Tarif eine Eigenbeteiligung aufzunehmen. Sie sparen damit monatliche Beiträge, müssen dann aber einen gewissen Betrag pro Jahr selbst tragen, wenn Sie ärztliche Leistungen in Anspruch nehmen.
Sind Sie gesetzlich krankenversichert, lohnt es sich, die Beiträge und Leistungen Ihrer Krankenversicherung mit Konkurrenzunternehmen zu vergleichen. Der Wechsel in eine andere gesetzliche Krankenversicherung kann für Sie günstiger sein. Die Differenz kann bis zu ca. 3% betragen.

Die Zeitschriften Stiftung Wartentest und Finanztest prüfen regelmäßig Leistungen und Beiträge der Versicherungen. Vergleichen Sie Leistungen und Tarife. Im Internet werden viele kostenlose Versicherungsvergleiche angeboten. Diese haben unter Umständen nur bestimmte Versicherungen unter Vertrag und nicht immer alle Versicherungen im Vergleichsangebot. Das Ergebnis der Auswahl ist also nicht wirklich unabhängig und somit nicht immer das günstigste auf dem Gesamtmarkt. Achten Sie auf die Unabhängigkeit des Testinstitutes.

Versicherungsverträge können z.T. auch vor Ablauf der Vetragsdauer gekündigt werden – entgegen der landläufigen Meinung – z.B. immer im Schadensfall.

**http://www.stiftung-warentest.de**
**http://www.vzbv.de**

## Telefon und Handy

Kaum ein Markt ist inzwischen so in Bewegung und Konkurrenzkampf geraten wie der der Telekommunikation. Vergleichen Sie deshalb regelmäßig Tarife und Vertragsleistungen Ihrer Anbieter. Oft bleibt ein inzwischen überteuerter Anschluss nur aus Bequemlichkeit bestehen.

Wer kaum mit dem Handy telefoniert, sollte es entweder abschaffen oder auf Handys mit Telefonkarte zurückgreifen, bei denen keine oder nur sehr geringe Grundgebühren anfallen.

Die Grundgebühr ist bei allen Tarifen die wesentliche Einnahmequelle der Unternehmen. Eine monatliche Reduzierung wirkt sich sehr auf Ihren Geldbeutel aus!

Wird ins Ausland telefoniert, können Vorwahlnummern viel Geld einsparen.

**http://www.billiger-telefonieren.de**
**http://www.stiftung-warentest.de**

## Internet

Prüfen Sie ihren Internettarif regelmäßig. Inzwischen sind viele so genannte Pauschaltarife (Flatrates) günstiger als Zeittarife.

**http://www.stiftung-warentest.de**

Das „Domaingrabbing" – das Reservieren von Domainnamen nur des Besitzes willen ist ein kostspieliges Hobby. Prüfen Sie alle Ihre reservierten Domains und kündigen Sie ungenutzte Namen. In den meisten Fällen ist es ein Irrtum zu glauben, man könnte diese Namen irgendwann einmal teuer verkaufen. Dagegen spricht, dass immer mehr Domainendungen freigegeben werden, die mit immer mehr Begriffen den Markt übersättigen.

# Abonnements

## Zeitschriften und Zeitungen

Presse wird oft abonniert, obwohl sie kaum gelesen wird. Prüfen Sie alle Abonnements Ihrer Zeitungen und Zeitschriften. Es ist sehr viel günstiger, sich nur dann entsprechende Presse zu kaufen, wenn sie auch tatsächlich gelesen und nicht nur kurz überflogen wird.

Nutzen Sie gegebenenfalls die Angebote von Lesezirkeln und teilen Sie sich Zeitschriften mit anderen Personen. Die Ersparnis beträgt dann bis zu 50% des Kaufpreises.

**www.lesezirkel.de**

## Clubs und Vereine

Sind Sie Mitglied in einem Club (Bücherclub, Fitnesscenter etc.) oder eines Vereins prüfen Sie immer, ob Sie die angebotenen Leistungen auch wirklich in Anspruch nehmen. Oft laufen Beiträge als Daueraufträge jahrlang ungenutzt.

# PREISVERHANDLUNGEN / BANKEN

Händler verdienen immer noch gut, auch wenn Sie Ihnen ein wenig Rabatt gewähren. In Deutschland galt bis 2002 das Rabattgesetz, das alle Rabattgewährungen streng regelte. Nutzen Sie die Liberalisierung dieses Gesetzes!

## Nachfragen lohnt immer

Eine einzige Frage nach einem günstigeren Preis spart regelmäßig viel Geld. Gewöhnen Sie sich an, immer nach dem günstigsten Preis zu fragen, den der Händler anbieten kann.
Verlangen Sie immer den Geschäftsführer zu sprechen. Angestellte Verkäufer haben meist keine Befugnis zu Preisverhandlungen!

## Argumente für Rabattverhandlungen

### Sie kaufen mehr als ein Produkt beim Händler:
Bitten Sie um einen Mengenrabatt. Wenn der Händler nicht darauf eingehen will, verlassen Sie das Geschäft und kaufen woanders. Denken Sie immer daran, dass ein Händler ca. 50% an einer Ware verdient. Da kann er dem Kunden ohne Probleme ein paar Prozent nachlassen. Viele Händler gewähren auch einen Naturalrabatt d.h. Sie erhalten z.B. wenn Sie gleich zwei Paar Schuhe kaufen eine Schuhcreme kostenlos dazu – das ist auch ein Gewinn.

### Sie kaufen oft im gleichen Geschäft:
Bitten Sie um einen Treuerabatt in diesem Geschäft. Wird der Händler Sie als Kunde behalten wollen, wird er Ihnen einen Rabatt gewähren. Sie kaufen schließlich sehr oft in seinem Geschäft ein und bescheren ihm regelmäßige Einnahmen.

### Sie zahlen mit Bargeld
Bei Abbuchung per Kreditkarte muss der Händler einen gewissen Prozentsatz des Betrages als Bearbeitungsgebühr an das Kreditinstitut zahlen. Das schmälert seinen Gewinn. Bitten Sie ihn um Rabatt bei Barzahlung. Geht er darauf nicht ein, erläutern Sie ihm die Gebühr bei Zahlung mit Kreditkarte.

### Vorauszahlung
Erhalten Sie eine Rechnung über einen gewissen Betrag, fragen Sie, ob Sie einen Rabatt erhalten, wenn Sie das nächste Mal im Voraus zahlen.

### Skonto
Viele Firmen würdigen es, wenn Sie Rechnungen schnell begleichen. 2-3% des Bruttobetrages können Sie hier einsparen. Eine bessere Verzinsung bietet Ihnen keine Bank!

## Banken

### Bankgebühren
Wechseln Sie nach Möglichkeit zu einer Direktbank. Sie sparen sehr viel Geld für Kontoführungsgebühren. Erledigen Sie Ihre Geschäfte online, reduziert sich bei vielen Kreditinstituten die Gebühr auf Null. Das gleiche gilt für Depotgebühren. Viele Direktbanken bieten inzwischen auch die Führung eines Depots an. Die Übertragung Ihres Aktienpaketes erfolgt für Sie als Neukunde meist kostenlos.

### Kontokorrentkredit
Nutzen Sie einen Kontokorrentkredit (Überziehung des Girokontos) nur dann, wenn es nicht anders möglich ist. Dieser Kredit hat mit Abstand den höchsten Zinssatz. Möchten Sie unbedingt einen Kredit aufnehmen, verhandeln Sie gesondert mit Ihrer Bank. Eine dauerhafte Überziehung des Girokontos ist die teuerste Kreditform. Lassen Sie nach Möglichkeit Ihren Kreditrah-

men auf Null reduzieren – eine ungewollte Überziehung des Kontos wird so vermieden. Sie sparen sehr viel Geld, wenn Ihr Konto immer im Haben-Bereich geführt wird.

**Kredit und Zinseszins**

Wie sich der Zinseszins beim Sparen positiv auswirkt, wirkt er sich dramatisch bei der Schuldenbildung aus.

Wie sich 1.000 € mit Zinseszins in zehn Jahren entwickeln:

| Jahr | Sparen mit (3%) | Kredit (8%) |
|---|---|---|
|  | 1.000,00 € | − 1.000,00 € |
| 1 | 1.030,00 € | − 1.080,00 € |
| 2 | 1.060,90 € | − 1.166,40 € |
| 3 | 1.092,73 € | − 1.259,71 € |
| 4 | 1.125,51 € | − 1.360,49 € |
| 5 | 1.159,27 € | − 1.469,33 € |
| 6 | 1.194,05 € | − 1.586,87 € |
| 7 | 1.229,87 € | − 1.713,82 € |
| 8 | 1.266,77 € | − 1.850,93 € |
| 9 | 1.304,77 € | − 1.999,00 € |
| 10 | 1.343,92 € | − 2.158,92 € |

Haben Sie beim Sparen etwa nur ein Drittel in 10 Jahren hinzugewonnen, ist in der gleichen Zeit beim Kredit der Minusbetrag Ihres Kontos um mehr als das Doppelte angewachsen!

Deshalb: Kaufen Sie wenn möglich nur etwas vom angesparten Guthaben und nicht auf Kredit!

**Ratenzahlung**

Viele Möbel- und Autohäuser werben mit Rabattkauf und Leasingangeboten. Seien Sie sich darüber im Klaren, dass Ihnen niemand Geld schenken wird. Rechnen Sie sich immer die Gesamtkosten der Anschaffung mit allen Raten und Gebühren aus und vergleichen Sie sie mit der Kaufsumme bei Sofortzahlung! Sie werden überrascht sein, dass ein ehemals günstiges Auto, das z.b. wie in der Werbung angegeben nur 99,- Euro pro Monat kostet, im Endeffekt sehr viel teurer ist. Das Leasen eines Fahrzeugs lohnt sich im allgemeinen nur für Firmen, da diese die Raten steuerlich geltend machen können.

**Tagesgeldkonto**

Ein Girokonto, auf das eventuell Ihr Gehalt überwiesen wird, bringt keinerlei Zinsen. Sie sollten sich zusätzlich ein Tagesgeldkonto einrichten. Hat sich auf dem Girokonto etwas angesammelt, überweisen Sie die Beträge regelmäßig auf das Tagesgeldkonto. Das Geld ist dort ebenso kurzfristig verfügbar – bringt aber Zinsen ein.

# SONSTIGE SPARMÖGLICHKEITEN

## Zahnersatz

Steht eine größere Zahnbehandlung bei Ihnen an, lassen Sie sich Angebote von <u>mehreren</u> Zahnärzten für die Behandlung machen. Lassen Sie sich auf keinen Fall gleich behandeln! (Auch wenn der Arzt das wünscht). Sie haben ein Recht darauf, sich <u>vorher</u> über die entstehenden Kosten zu informieren. Es gibt auch sehr gute Zahnärzte im Ausland. Sie können vielleicht einen Urlaub mit einer Behandlung verbinden.

## Rauchen

Rauchen kostet sehr viel Geld. Rechnen Sie sich aus, wie viel Geld Sie sparen, wenn Sie sich das Rauchen abgewöhnen.
Kosten pro Tag: \_\_\_\_\_€ x 365 Tage = \_\_\_\_\_€ pro Jahr!

**http://www.rauchfrei-info.de**

## Restaurants und Kneipen

In Restaurants und Kneipen zu essen und dort Getränke zu konsumieren ist genau betrachtet großer Luxus. Nach der DM/Euroumstellung haben sich die Preise in der Gastronomie nochmals drastisch erhöht. Eine Faustregel besagt, dass Wirte erstens hauptsächlich an den Getränken verdienen und zweitens bei den Getränken ca. 7(!) Mal soviel verlangen, wie Sie selbst dafür ausgeben müssen. (Ein halber Liter Bier kostet im Laden ca. 0,50-0,70 €, der Wirt verlangt dafür aber einen Preis von ca. 3-4 €. Bei Wein und Spirituosen liegt die Gewinnspanne noch höher).

Rechnen Sie einmal selbst aus, wieviel Geld Sie für Restaurantbesuche im Durchschnitt pro Jahr ausgeben.

# SPAREN IM BÜRO

Selbständige können im Büroalltag viel Geld sparen. Folgende Tipps helfen, die Ausgaben zu minimieren:

## Drucken

### Tintenstrahldrucker oder Laserdrucker

Die oft sehr günstigen Anschaffungskosten von Tintenstrahldruckern sind verlockend. So werden Drucker dieser Art schon unter ca. 50 Euro angeboten. Erkundigen Sie sich vorher, wie viel die Tintenpatronen zu diesem Modell kosten. Oft ist ein Satz Patronen genauso teuer wie ein neuer Drucker!
Müssen Sie oft farbig ausdrucken, greifen Sie zu Modellen mit getrennten Farbbehältern. So vermeiden Sie, die komplette Patrone wegzuwerfen, nur weil eine Farbe ausgegangen ist. Es ist zudem günstiger die Patronen wieder selbst aufzufüllen oder befüllen zu lassen.

**http://www.tinte.ws**

Drucken Sie hauptsächlich nur Briefe aus, schaffen Sie sich besser einen Laserdrucker an. Schwarze Tinte ist auf Dauer teurer als Toner für den Laserdrucker.

## Porto

Die sparsamste Methode einen Brief zu versenden sollte zuerst gewählt werden (1.), ist dies nicht möglich, folgt die nächste Methode (2.). Erst zum Schluss sollte auf herkömmlichem Weg per Post versandt werden (3.):

1. E-Mail
2. Fax
3. Brief

## Bürobedarf-Discounter

Papier, Kugelschreiber, Druckerpatronen etc. kauft man am besten per Discount-Versender. Die Anbieter versenden ab einem Mindestbetrag portofrei, so dass der Weg zum Geschäft (incl. Parkgebühren, Benzin, Zeit) eingespart wird. Der Preis der Artikel ist meist um einiges günstiger als im Schreibwarengeschäft.

**http://www.office-discount.de**
**http://www.buero-plus.de**
**http://www.bueromarkt-ag.de**

## Drucksachen

### Geschäftspapier

Geschäftspapier lässt man am besten ohne Adresseindruck von einer Druckerei drucken und fügt die Adresse anschließend bei Erstellung des Briefes mit dem eigenen Drucker ein. So spart man sich bei einem eventuellen Umzug oder bei anderen Änderungen einen erneuten teuren Druck.

### Drucksachen

Seit einiger Zeit gibt es Druckereien, die sich auf bestimmte Produkte spezialisiert haben. Sie fassen viele gleichartige Druckerzeugnisse zusammen. Für den einzelnen Kunden ist dies dann sehr viel günstiger. Der Druck lohnt sich besonders für Produkte von kleinem Umfang wie Visitenkarten, Briefbögen, Flyer oder Postkarten.

**http://www.flyeralarm.de**
**http://www.direct2print.de**